LES ÉTATS-GÉNÉRAUX
DE
LANGUEDOC

ALLOCUTION

PRONONCÉE PAR

MONSEIGNEUR DE CABRIÈRES

ÉVÊQUE DE MONTPELLIER

A L'ASSEMBLÉE COMMÉMORATIVE DES RÉUNIONS PRÉPARATOIRES
AUX ÉLECTIONS POUR LES ÉTATS-GÉNÉRAUX DE 1789.

MONTPELLIER

JEAN MARTEL AÎNÉ, IMPRIMEUR DE N. S. P. LE PAPE
ET DE MONSEIGNEUR L'ÉVÊQUE
rue Blanquerie 3, près de la Préfecture.

M DCCC LXXXIX

LES
ÉTATS-GÉNÉRAUX DE LANGUEDOC

ALLOCUTION

PRONONCÉE PAR

MONSEIGNEUR DE CABRIÈRES

ÉVÊQUE DE MONTPELLIER

A L'ASSEMBLÉE COMMÉMORATIVE DES RÉUNIONS PRÉPARATOIRES
AUX ÉLECTIONS POUR LES ÉTATS-GÉNÉRAUX DE 1789.

Montpellier, J. MARTEL aîné, Imprimeur de S. S. le Pape
et de Mgr. l'Évêque.

J'avais publié mon discours de Romans ;

Je publie celui que j'ai prononcé, à Montpellier, le 19 mars dernier. Je n'ai pas la prétention de croire que ces deux allocutions aient, par elles-mêmes, une grande valeur ; mais je serais heureux si elles soutenaient, même dans une faible mesure, le mouvement, qui porte beaucoup de catholiques de notre temps et de notre pays à ne pas laisser usurper par d'autres le mérite entier des généreuses initiatives, par lesquelles, en 1789, la France essaya de se débarrasser des abus, dont elle souffrait. Il est trop vrai, malheureusement, que cet effort n'a pas obtenu les résultats qu'on en attendait. La Révolution n'a pas été seulement une réaction violente contre un régime politique ; elle s'est érigée en adversaire irréconciliable de la Religion ; et sous l'influence de ces funestes doctrines, elle est cause que nous nous débattons, depuis un siècle, changeant la forme de notre gouvernement, à peu près tous les vingt ans, sans parvenir à assurer les libertés, qui nous sont le plus justement chères. Ne serait-il pas utile, ne serait-il pas salutaire de séparer désormais, dans les esprits, les utopies, les erreurs, les folies criminelles, qui ont rendu possibles les excès de 1793, et qui empêchent encore notre pays de mettre en œuvre, avec sécurité, les merveilleuses ressources, dont la Providence lui a fait don, d'avec les vœux très légitimes et très nobles, que formait, à la veille des États-généraux, l'immense majorité de la nation française ? Ces vœux sont encore les nôtres ; nous signerions encore aujourd'hui « les cahiers » de nos pères. Ce serait dès lors une injustice que de nous considérer comme des aveugles et des sourds, à qui les évènements n'ont rien appris, et qui, effrayés des malheurs dont la Révolution a été la cause et l'instrument, ne rêvent que de relever, sans changements, les institutions, dont nos ancêtres avaient constaté les défauts, et qu'ils voulaient améliorer sans les détruire.

Monseigneur l'Archevêque d'Aix et Monseigneur de Valence (1), d'abord, puis Monseigneur l'Archevêque d'Avignon, Monseigneur l'Évêque du Puy et Monseigneur de Viviers ont bien voulu s'associer à mes sentiments et à mes vœux ; ils ont daigné en approuver l'expression. Je les en remercie, une fois de plus : ils me pardonneront, j'en suis sûr, d'ajouter à leur suffrage, auquel je demeure si sensible, celui de Monseigneur de Marseille, dont je me permets de publier, ici, la lettre flatteuse. Il me semble que cette adhésion spontanée, formulée en termes si élevés et si nobles, et venant d'un prélat, dont la doctrine est aussi ferme que sa vertu est éclatante, frappera les hommes de bonne foi. On verra que les Évêques français sont unanimes dans leur façon d'envisager l'histoire du siècle, qui vient de s'écouler. Nous ne nous refusons à aucun progrès

---

(1) C'est Mgr. Cotton, — et aucun de ceux, qui ont l'honneur de le connaître n'en sera surpris —, qui a eu, le premier, le courage et le mérite de s'associer aux hommes de foi, dont le patriotisme a revendiqué le droit de ne pas laisser la Révolution dénaturer, à son profit, la conduite des trois États de Dauphiné, réunis à Romans, en 1789.

véritable; nous ne réclamons aucun privilège; nous demandons le respect pour nos croyances, la liberté pour notre culte et pour les institutions qui l'appuient; et nous promettons, en échange de cette protection de droit commun, d'être toujours au premier rang, parmi les plus dévoués serviteurs du pays.

Voici la lettre de Mgr. Robert :

ÉVÊCHÉ DE MARSEILLE
Marseille, le 23 mars 1889.

Bien cher Monseigneur,

Quoique absorbé par les nombreuses cérémonies de confirmation, j'ai tenu à suivre les comptes-rendus de vos réunions, si pleines du plus haut intérêt pour l'Église et la France.

Ce sont de vrais États du Languedoc, que vous avez ressuscités; mais avec un accent plus chrétien et des principes plus fermes qu'en 1789. Alors, c'étaient les dernières lueurs d'une lumière, qui allait s'éteindre; et aujourd'hui c'est l'aurore d'un nouveau jour, qui, j'espère, va se lever sur notre pays.

Le Clergé formait alors le premier des États; et c'est à un évêque, qu'il appartenait de donner le branle des États de 1889. L'élan est donné, et il faut bien croire qu'il va se continuer. Ce sera votre honneur, devant Dieu et devant les hommes, d'avoir provoqué ce mouvement et de lui avoir donné, dès le début, une si heureuse direction.

Veuillez agréer, cher Monseigneur, avec toutes mes vives félicitations, l'assurance nouvelle de mon très affectueux dévouement.

† *LOUIS, Évêque de Marseille.*

MESSEIGNEURS (1),
MESDAMES,
MESSIEURS,

Je lisais, il y a quelques jours, dans l'un des derniers numéros d'une revue très-renommée, cette belle définition de la Patrie : « L'âme d'un peuple, c'est sa
» tradition nationale. La France, ce ne sont pas trente
» millions d'hommes, qui vivent entre les Pyrénées et
» le Rhin ; c'est un milliard d'hommes qui y ont vécu.
» Et ceux qui sont morts, comptent beaucoup plus que
» ceux qui vivent, car ce sont eux qui ont défriché le
» champ et bâti la maison ; c'est leur souvenir, qui fait
» la continuité de l'idée de patrie, qui fait que la patrie
» existe, qu'elle se distingue d'une association d'un
» jour... » «... Sans eux, sans la tradition qu'ils ont
» laissée, sans leur pensée qui vit en nous, sans le

---

(1) Mgr. l'Archevêque d'Avignon, Mgr. l'Evêque du Puy, Mgr. l'Evêque de Viviers. — Mgr. de Carcassonne n'a pu arriver que le 19, au soir. — S. E. le Cardinal-Archevêque de Toulouse et de Narbonne, Mgr. l'Archevêque d'Albi, Mgr. l'Évêque de Montauban, Mgr. l'Évêque de Mende, Mgr. l'Évêque de Pamiers, ont exprimé le regret de ne pouvoir se rendre à l'Assemblée. Le siège de Nimes est malheureusement vacant. Sans ces absences, *tous* les Évêchés de l'ancien Languedoc eussent été représentés à Montpellier; le 19 mars 1889.

» respect de leur œuvre, nous aurions le droit de nous
» séparer et de nous désintéresser de notre nation !...
» La Patrie, c'est, sur le même sol, l'étroite et indisso-
» luble union des vivants avec les morts et avec ceux
» qui naîtront » (1).

Comment ne pas faire l'application de ces hautes pensées, si fortement exprimées, à la circonstance solennelle qui nous rassemble, et dans laquelle je dois résumer l'histoire des États de Languedoc? Comment ne me sentirais-je pas ému, en évoquant, devant vous, le souvenir du Tiers-État de nos contrées, si patient, si laborieux, si désintéressé, et dont les innombrables générations ont su garder, avec une loyale fidélité, pendant de longs siècles, la tradition du respect pour le pouvoir, unie à un généreux esprit d'indépendance et de mâle fierté?

Comment pourrais-je songer à la noblesse de notre province, sans me rappeler les grands exemples qu'elle a su donner si souvent? Je n'éprouve pas de fausse honte à déclarer que la mémoire de ces gentilshommes m'inspire une respectueuse sympathie. Si je ne regrette point le nivellement, accompli par nos révolutions, si je ne désire point relever des barrières usées et abattues par le temps, j'honore de toute mon âme une institution sociale, en vertu de laquelle une classe entière de citoyens avait le droit d'être toujours la première au péril, et le devoir de ne jamais ménager son sang pour la défense du pays.

(1) *Revue des Deux-Mondes*, 15 décembre 1888, article de M. E. Faguet sur Joseph de Maistre, p. 818.

Mais surtout, ma pensée se porte vers ces prêtres modestes et dévoués, vers ces Évêques, au cœur si large et si bon, dont, hier encore (1), vous entendiez célébrer les vertus et le courage. Illustre clergé, il avait travaillé, pendant dix-sept siècles, à « faire la France » ; il avait suivi fidèlement toutes les phases des grandeurs ou des adversités nationales ; il s'était activement et utilement mêlé à tous les mouvements, par lesquels la vraie civilisation s'était peu à peu épanouie et développée sur notre sol ! Et, tout à coup, en pleine paix, sans qu'il eût abandonné, un seul jour, son labeur quotidien, dans l'intérêt et pour le bien de tous, une tempête formidable se déchaînait sur sa tête, la foudre le frappait de toute part ; il était chassé, menacé, poursuivi ; on le contraignait violemment de choisir entre le parjure ou la mort ! Et les parjures étaient en nombre infime, tandis que les bourreaux voyaient, devant eux, des multitudes, prêtes à affronter le martyre !

Je salue donc, avec un respect attendri, la longue suite de nos ancêtres des « Trois États » ; et je vais essayer de les louer, en vous racontant rapidement l'histoire de leurs assemblées politiques, pendant toute la durée de la monarchie.

(1) Dans la séance du soir, le 17 mars, M. l'abbé Reynard, curé de Saint-Roch, à Montpellier, a lu un rapport très intéressant sur l'état du clergé, en Languedoc, au moment de la Révolution. Il a rendu l'hommage le mieux mérité aux Évêques de la province, en particulier à ceux de Montpellier, de Béziers, d'Agde, et à tous les prêtres non-assermentés.

I.

La France était, en 1789, partagée en *pays d'élection*, soumis directement à l'administration financière de la Royauté, et en *pays d'États*, — au nombre de onze —, qui avaient conservé des Assemblées provinciales, votant elles-mêmes leurs impôts. Parmi les pays d'États, le Languedoc était celui dont l'unité était peut-être le mieux établie. Sa configuration géographique semblait le prédestiner à former un tout compact, lié par des intérêts, qui se compléteraient et se soutiendraient les uns les autres. Appuyé sur les hautes montagnes du Velay et sur celles du Rouergue, limité à l'est par le cours du Rhône, il comprenait, à l'ouest et au sud, les vallées de la Garonne, de l'Aude et cette longue plaine, baignée par la Méditerranée, caressée par le soleil, qui, de Toulouse à Avignon, environne le massif central de la France, et qui est, sans contredit, l'une des parties les plus riantes et les plus fécondes du sol national.

Après la conquête romaine, ce vaste territoire (1) avait porté le nom de *Première Narbonnaise,* et avait eu son centre politique à Narbonne. Plus tard, sous les Wisigoths, il eut Toulouse pour capitale. Fractionné, quelque temps, en Comté de Toulouse et en Duché

---

(1) Deux cent soixante et douze kilomètres de long sur cent trente-six de large. — Départements actuels de la Haute-Loire, de la Lozère, de l'Ardèche, du Gard, de l'Hérault, de l'Aude, du Tarn et de la Haute-Garonne, avec une portion des départements du Tarn-et-Garonne et de l'Ariège.

de Septimanie ou de Gothie, il reprit son intégrité, vers 918, pour ne plus la quitter, jusqu'au jour où, des mains d'Alphonse de Poitiers et de sa femme Jeanne, dernière héritière des Raymond, il passa sous l'autorité immédiate des rois de France, qui, en 1361, le firent entrer, pour toujours, dans le domaine royal.

Mais, dès l'origine de leur civilisation, avant même d'appartenir à Rome, et depuis qu'elles lui avaient été soumises, nos contrées avaient pris et gardé un régime de vie politique, où la liberté et la subordination s'alliaient dans une heureuse harmonie. Nos pères semblent avoir adopté de bonne heure, et comme par instinct, l'opinion d'un vieil auteur, d'après laquelle, « entre tous les États royaux, celui de France est le plus » parfait, parce que la souveraineté, quoique la plus » absolue du monde, s'y trouve adoucie par un tempéra- » ment politique, qui conserve entière la liberté des » sujets, et ne diminue pas tant soit peu la puissance du » Prince » (1). Ils ne voulaient rien décider qu'après de libres discussions, suivies par des résolutions unanimes.

Soit que ces usages leur vinssent de leur propre initiative, soit qu'ils les eussent empruntés aux Celtes et aux Gaulois, leurs voisins, nos ancêtres avaient établi la coutume d'avoir, chaque année, une grande assemblée, — un *conventus*, un *concilium* —, dans laquelle ils traitaient de toutes les affaires, qui importaient à l'ensemble du pays. Les Romains, après la conquête, tolérèrent, maintinrent et quelquefois établirent ces assem-

---

(1) Cazeneuve,... États-généraux de Languedoc, p. 3; à Tolose, chez J. Boude, 1645.

blées provinciales. « Antérieures souvent à l'établisse-
» ment de l'empire, elles devinrent, après Auguste, des
» institutions d'un caractère plus particulièrement reli-
» gieux, motivées par le culte de Rome et des Empe-
» reurs. Peu à peu, leurs attributions s'élargirent :
» elles firent entendre des doléances, elles exprimèrent
» la satisfaction ou le mécontentement de la province ;
» et toutes les fois que leurs paroles purent arriver jus-
» qu'au Prince, sans être arrêtées par la négligence ou
» la malveillance des intermédiaires obligatoires, elles
» servirent et éclairèrent le pouvoir impérial... Quand
» le paganisme eut cessé d'être la religion de l'État, les
» assemblées provinciales se sécularisèrent complète-
» ment et ne furent plus que de véritables corps politi-
» ques » (1).

On raconte que, dans notre région, Auguste lui-même
avait convoqué, à Narbonne, une réunion générale de
toutes les populations méridionales (2).

Honorius, en 418, appela à Arles, — « *in metropoli-
tana urbe, annis singulis, servata consuetudine, consti-*

---

(1) *Revue historique*, janv.-fév., 1889, art. de M. Reinach,
sur le livre de M. P. Guiraud, relatif aux *Assemblées provinciales dans l'Empire romain*, p. 96.

(2) R. de Larcy, *Vicissitudes politiques de la France*, ch. x,
p. 122. Qu'il me soit permis de rendre hommage, une fois de
plus, à la science exacte, à la haute intelligence, aux sentiments élevés et généreux, à la naturelle et vive éloquence de
celui, qui, pendant son court passage dans les conseils de l'État,
a cru devoir me discerner dans la foule, et me désigner au choix
du pouvoir pour me faire asseoir parmi les Chefs du peuple
chrétien. Comme il serait heureux de voir rajeunir la mémoire
de ces États, dont l'histoire lui était si connue et si chère !

tuto tempore » —, les notables des sept provinces gauloises, qui s'étendaient depuis les Alpes jusqu'à l'Océan et aux rives de la Loire. Il demanda spécialement que trois classes de citoyens : les *Honorati*, les *Possessores*, les *Judices*, se rendissent à son appel ; et c'est la plus lointaine allusion que l'on rencontre à cette division en « trois états », qui remplira les annales de la monarchie.

Sous Alaric et ses successeurs, on vit, à quatre-vingt-neuf ans de distance, se renouveler encore, à Narbonne, en 500 et 589, deux assemblées plénières des évêques et des principaux laïques de notre région.

Interrompues par les invasions des Sarrasins, les assemblées de la province reparurent sous Charlemagne et ses descendants. Pendant son séjour dans nos contrées, en qualité de roi d'Aquitaine, — et l'Aquitaine alors embrassait le Languedoc —, Louis le Débonnaire vint tenir, à Toulouse, du vivant du glorieux empereur Charles, son père, en 790, 796 et 802, des conseils, des « plaids » généraux, dans lesquels il traita, avec le peuple assemblé, des affaires à résoudre (1).

A partir de Charles le Chauve (823-877), la Première Narbonnaise, sous le nom de *royaume de Septimanie* (2), et plus tard de Languedoc, eut ses

---

(1) Cazeneuve, p. 17. « *Conventus generalis, placitum generale ; et rex, coacto populo, de his, quæ agenda videbantur, tractabat* ».

(2) Une charte de l'église de Béziers mentionne une donation, faite probablement vers 986, « *in regno Septimaniæ, in comitatu Biterrensi, regnante Lothario rege.* » Une autre charte du même recueil, et datée de 1096, mentionne encore « le royaume de Septimanie » et le comté de Béziers.

— 14 —

États à part. On les voit mentionnés, comme s'étant tenus à Narbonne, en 990, 1023 et 1080. Dans cette dernière assemblée, figurèrent l'évêque « élu », Pierre, avec Matfred de Béziers et Bérenger d'Agde. Ils se rencontrèrent dans l'église des Saints Just et Pasteur, « avec des citoyens, des guerriers et une multitude innombrable de peuple, appartenant à la province ». « Les trois états », « les trois ordres » apparaissent ici distinctement et ensemble : la bourgeoisie se montre à côté de la noblesse et du clergé, bien avant que la France du nord donne un pareil spectacle (1).

II.

D'abord, en effet, on n'appelait aux assemblées provinciales que le clergé et la noblesse; à l'imitation des anciens Gaulois, qui ne convoquaient à leurs champs de Mars ou de Mai, d'après le témoignage de César, que les Druides et les chefs militaires. Mais, dès l'avènement de la troisième race, on comprit, sous l'influence manifeste des idées chrétiennes, que « le tiers-ordre », « le tiers-état », « les bourgeois » devaient être aussi membres de ces réunions, dans lesquelles s'agitaient, pour eux, des intérêts d'une importance capitale. Comment n'eût-on pas invité à prendre part aux délibérations, « ces gens des bonnes villes », « ces bons hommes des

(1) « *Cives ac milites cum innumerabili multitudine ejusdem provinciæ* ». Arch. de l'église de Narbonne, citées par Cazeneuve.

communes » (1), « dont le travail et l'industrie fournissent à tout l'État de quoi subsister, et qui, en temps de guerre, y contribuent de leur sang et de leur vie, aussi bien que la noblesse » (2).

On n'avait pas alors, évidemment, sur la représentation nationale, les idées, qui ont cours aujourd'hui (3). La société n'était pas considérée comme une collection plus ou moins nombreuse d'individus isolés; c'était une aggrégation de familles (4). Et ces familles, groupées ensemble par les liens d'une commune origine et de besoins communs, sentaient instinctivement qu'elles avaient à protéger et à promouvoir trois ordres d'intérêts, différents, mais dépendant les uns des autres, et qui devaient être servis de concert.

L'intérêt religieux dominait tout en ce temps. La foi, les croyances, l'instruction, les mœurs : il fallait les former et les affermir ; il fallait assurer la libre et féconde expansion de l'Évangile ; il fallait donner aux ministres du Christ la pleine faculté de répandre partout « la bonne nouvelle », à laquelle le monde devait d'être sorti de la barbarie. Les évêques, les pasteurs des peuples devaient donc siéger dans les assemblées politiques.

(1) Expressions de la « Grande chronique de France », — et du roi Philippe VI, avant la désastreuse bataille de Crécy, 26 août 1346.
(2) Cazeneuve, p. 10.
(3) Autre chose est « le représentant », institué par une fiction légale, ordinairement en dehors de la délégation de celui qu'il doit représenter ; — autre chose « le mandataire », qui doit recevoir directement et personnellement « mandat » de celui au nom duquel il est appelé à agir.
(4) Allies, *l'Église et l'État*, p. 50

Mais la société civile était encore, elle aussi, dans une période de création laborieuse. Les relations féodales donnaient souvent prétexte à des incursions violentes, à des attaques injustes et inopinées, à des guerres sanglantes. La force matérielle, l'épée, le dévouement militaire étaient donc indispensables, pour appuyer et soutenir les conseils de la prudence, pour réduire les rebelles à l'obéissance, pour garantir aux lois leur empire et leur sanction. Et cette force, peu à peu disciplinée, ces épées généreuses, ce dévouement des chevaliers, ce n'était pas seulement, à cette heure lointaine, la tutelle nécessaire des faibles et des pauvres, la condition des progrès pacifiques de l'agriculture et de l'industrie ; c'était aussi comme le noviciat et l'école toujours ouverte des plus hautes vertus sociales, du courage, de la loyauté, de l'honneur ! C'étaient les sources abondantes de ces richesses morales, inconnues avant Jésus-Christ, et qui ont mis les siècles, écoulés après la mort du Sauveur, si fort au-dessus de ceux qui avaient précédé cette divine immolation.

Enfin, la foule innombrable des hommes de négoce, des ouvriers, des travailleurs de tout nom et de toute sorte, répandus dans les villes et dans les campagnes : « cette ruche bourdonnante et industrieuse », comme l'appelle un historien, elle demandait aussi la paix et la tranquillité pour ses foyers, la lumière et la chaleur pour l'épanouissement complet de ses aspirations vers le vrai, le beau et le bien ; mais elle réclamait, en même temps, la protection pour son commerce, la liberté pour l'importation et l'exportation de ses denrées, l'assurance d'un gain convenable, et par conséquent un régime de fiscalité, modéré et humain, qui lui permît d'atteindre, un jour, à une aisance honorée.

Voilà comment, dans nos États de Languedoc, dès le treizième siècle, on trouvait, non pas une représentation analogue à celle qui fut réunie pour les États-généraux de 1789, — une assemblée, formée par des élections régulières, dans chacun des trois ordres —, mais une représentation véritable et réelle de la province tout entière, qui, pour n'être pas sortie de l'élection, pour être venue principalement de la possession de la terre ou de l'exercice des charges municipales, n'en était pas moins apte à traiter, avec indépendance et fidélité, les affaires du pays.

Nos vingt Évêques, réunis autour de leurs trois Archevêques, n'étaient-ils pas les vrais et légitimes représentants de l'Église, et par conséquent les tuteurs autorisés de tout ce qui touchait, de près ou de loin, aux progrès et à l'influence de la religion? Les vingt-trois Barons héréditaires du Haut et du Bas-Languedoc, du Vivarais et du Gévaudan, étaient si bien rattachés au sol des seigneuries, dont ils portaient les noms, qu'on les avait appelés « les Barons terriens » (1) : comme pour déclarer que « la possession de la terre, la puissance qui y est attachée, était leur premier titre ». Et même, un écrivain, peu suspect de tendresse envers l'ancien régime, se plaignait, à cause de cette constitution spéciale de nos États languedociens, « qu'on n'y

---

(1) R. de Larcy, p. 124.

eût nulle considération pour la dignité naturelle des familles » (1). C'étaient donc des hommes préparés, comme le remarquait Fénelon, « à ménager leur propre pays, où leur bien se trouve, au lieu que de simples financiers ont intérêt à détruire pour s'enrichir » (2).

Enfin, par une combinaison heureuse, les soixante-huit députés, qui venaient prendre part à nos États, étaient, en dernière analyse, élus par les différents corps, au nom desquels ils y siégeaient ; ils ne représentaient pas tel ou tel ordre particulier, mais « la Communauté » entière, qui les embrassait tous. Leurs voix étaient égales en nombre à celles des Évêques et des Barons réunis ; et c'est ainsi que, chez nous, la tradition avait établi ce vote, « par tête et non par ordre », que les députés de 1789 réclamèrent avant tant d'insistance et de raison.

Ne dédaignons pas toutefois ce titre glorieux de « Messeigneurs des trois états de la province de Languedoc », que nos ancêtres ont porté avec tant de noblesse et de persévérante fierté.

La distinction et l'union des trois ordres paraissaient à l'ancienne France une sorte de dogme social ; si bien que le plus pieux des théologiens gallicans, Gerson, avançait avec confiance cette proposition, appuyée sur l'histoire de son temps : « *Status unus est militantium, alius clericorum, alius burgensium : et hæc triplicitas nonne congrua signatione figuratur in triplici*

---

(1) Boulainvilliers, cité par M. de Larcy, p. 130.
(2) Cité par M. G. Picot, membre de l'Institut, t. V de l'*Histoire des États-généraux* ; Hachette, 1888.

liliorum flore aureo » (1). « Un des états est formé par les chevaliers, un autre par les clercs, un autre enfin par les bourgeois ; et ces trois ordres ont pour symbole fidèle, les trois fleurs de lis d'or, qui brillent sur l'écusson royal ! » Ainsi, le Roi de France ne pouvait regarder son blason, sans y trouver la représentation des trois forces vives, qui composaient et maintenaient l'unité nationale ! A peu près, comme le grand prêtre des Juifs portait, sur son vêtement de cérémonie, une pierre où étaient gravés les noms des douze tribus !

III.

De ce que l'assistance aux États de Languedoc était fondée sur la possession de la terre, on aurait peut-être tort de l'assimiler complètement à un privilège féodal. En général, les hommes tiennent aveuglément et obstinément à leurs privilèges ; et pourtant, dans notre province, à cause des absences obstinées de quelques députés, il avait fallu régler que, après trois absences non justifiées, le droit d'entrée serait perdu, et transféré, sous l'agrément du Roi, à un autre titulaire.

Il vaudrait donc mieux dire que la présence aux États était une propriété d'un genre spécial, qui assujettissait à tous les devoirs et à toutes les charges ordinaires du rang et de la fortune.

A plus forte raison, faut-il admettre que, dans le sein

(1) Gerson, *De considerat. quam debet habere princeps..*, part. 2.

des États, chaque membre se croyait soumis à une haute responsabilité, investi d'un sérieux mandat. Ce n'était pas l'attitude de l'homme, qui a sollicité et obtenu des suffrages, d'après un programme proposé ou accepté par lui ; c'était celle, — bien plus noble —, du chef de famille, à qui, dans l'ordre religieux, moral, civil, matériel, économique, des obligations sacrées s'imposent, et qui veut les remplir selon la conscience et l'honneur.

Nos États de Languedoc avaient plus d'un trait de ressemblance avec les Institutions de l'Angleterre. Et nous aimons à signaler le rapprochement ingénieux, que l'on a proposé justement entre la Chambre des Lords, unie à celle des Communes, pour le gouvernement de la Grande-Bretagne, et la tenue régulière de nos assemblées provinciales. Les unes comme les autres se rattachaient aux anciennes formes du droit germanique : le tronc était le même, bien que les branches eussent poussé diversement selon la nature des lieux (1)!

Quelle que soit enfin la valeur des conjectures que l'on hasarde sur l'origine et la composition des États de Languedoc, il n'en demeure pas moins certain que, dans leur constitution, ces États ont trouvé la force de traverser au moins dix siècles, et que, sur un théâtre modeste, ils ont su donner l'exemple des deux grandes vertus politiques : la sagesse et l'indépendance (2). D'un bout de la France à l'autre, d'ailleurs, ces grandes assemblées provinciales ont toutes entrevu et ébauché les réformes de l'avenir. Leurs procès-verbaux révèlent,

(1) R. de Larcy, p. 128.
(2) *Id.*, p. 130.

dans les générations qui nous ont précédés, l'intelligence des grandes choses, l'élévation de la pensée avec les hardiesses du style; et souvent, dans les discours ou les écrits que les États nous ont laissés, entre le règne de Louis XI et celui de Louis XIII, on respire le souffle ardent et pur, qui anima nos pères, dans les premiers mois de 1789.

Tant il est vrai que, en France, «la liberté est ancienne, et le despotisme nouveau »!

IV.

Mais de ce que nos aïeux avaient déjà cet esprit de noble indépendance, dont il est demeuré, dans notre province, des traces si durables, — tellement qu'il n'était pas rare, autrefois, d'entendre les gens du peuple s'appeler avec orgueil : des *républicains blancs* —, il ne faudrait pas conclure qu'ils étaient insoumis et indociles. C'est le contraire qui est la vérité.

Ils avaient même, à certains égards, dépassé le devoir, puisque, pour ne pas se séparer de l'obéissance des trois derniers Raymond, ils avaient été, en grand nombre, ou partisans ou fauteurs de l'hérésie des Albigeois. Aussi, leur dernier comte, Raymond VII, leur témoigna publiquement sa reconnaissance pour leur fidélité, en déclarant, dans l'acte authentique de ses dernières volontés, qu'il confirmait toutes les libertés dont ils avaient joui, appuyées qu'elles étaient sur le droit et sur la coutume: « *omnes debitas et consuetas libertates* ».

En tête de ces libertés, fondées sur la tradition, était placée l'intégrité de l'existence individuelle du Languedoc, au sein de la monarchie, avec le caractère propre de son gouvernement quasi-constitutionnel. Nos aïeux employaient, pour désigner leur contrée, une expression singulièrement énergique ; ils l'appelaient : *Patria linguæ occitanæ*, ou simplement : *Patria*, la Patrie (1). Non qu'ils se regardassent comme isolés de la grande nationalité française, à laquelle ils étaient fiers d'appartenir, mais parce qu'ils avaient, par devers eux, des traditions et une histoire, auxquelles ils tenaient avec jalousie.

Quand ils passèrent sous l'autorité immédiate du roi de France, Philippe III, en 1271, ils réservèrent tous leurs droits anciens. Et, dit le naïf annaliste des États de Languedoc, « nos rois, qui connaissaient l'importance de cette province et sa fidélité, et qui savaient qu'elle seule était assez forte pour couvrir toute la France de l'invasion des Espagnols », acceptèrent avec empressement ces conditions.

Après le maintien de leurs États particuliers et de leurs franchises séculaires, nos pères n'eurent rien plus à cœur que de se sauvegarder contre toute imposition ou exaction, à laquelle ils n'auraient pas, d'avance, consenti expressément.

On se fatiguerait à répéter les textes, par lesquels le Languedoc appuyait ce privilège, et ceux aussi, par

---

(1) En 1426, Charles VII consacre lui-même cette appellation, et reconnaît les droits des gens des trois états de ladite « Patrie », « *prædictæ Patriæ* ».

lesquels, au nom des rois, depuis Philippe le Hardi jusqu'à Louis XIV, la couronne s'engageait à ne rien exgiger comme tribut, impôt, taille, etc...., sans le consentement préalable des trois ordres de la province.

« L'*octroi* », — ou présent d'une somme, attribuée au prince et représentant la part contributive du Languedoc, aux charges générales du royaume —, était d'usage immémorial. On ne craignait pas d'en rapporter la date au règne de Charles le Chauve.

Mais une condition était requise : il fallait que le roi, chaque année, envoyât un commissaire spécial, chargé d'exposer les besoins du trésor royal, — *necessitatem regni explicaturum*. En janvier 1455, « les gens des trois états du pays de Languedoc » disent à Charles VII : « Nous vous remercions très humblement et très dévotement, de ce que, de votre très bonne grâce, Vous a plu nous communiquer l'état des affaires de Vous et de Votre royaume » (1).

Et quand cette preuve de confiance était donnée, alors, avec une générosité, dont l'expression touchante se transmettait de siècle en siècle, « *non pro fervore devotionis, sed pro modo facultatis* » (2), l'assemblée du Languedoc votait, sans hésiter, les sommes qui lui étaient demandées.

On en eut la preuve en cette année 1356, l'une des

(1) *Recueil des chartes du Languedoc*, p. 117. Cazeneuve.
(2) « Accoutumés à consulter plutôt les mouvements de leur cœur que leurs véritables forces », disent les États de 1789 : c'est le même sentiment, sous une forme différente.

plus douloureuses de notre histoire, quand, au soir du 19 septembre, près de Poitiers, le roi Jean tomba avec son fils aux mains du Prince Noir.

« On avait combattu toute la journée ; et de part et d'autre les plus braves avaient été tués. Les rangs s'étaient éclaircis à vue d'œil ; les chevaliers tombaient les uns après les autres, comme une forêt dont on coupe les grands arbres. Le Roi, la tête nue, blessé deux fois au visage, présentait son front sanglant à l'ennemi. Incapable de crainte pour lui-même, il s'attendrissait sur son jeune fils, à peine âgé de quatorze ans, déjà blessé, qui se tenait à ses côtés comme le lionceau auprès du lion... Les cris cessaient et s'éteignaient peu à peu ; il n'y avait plus que les fleurs de lis debout sur le champ de bataille ; la France tout entière n'était plus que dans son Roi, qui, défendant sa patrie, son fils, sa couronne et l'oriflamme, tenant à deux mains la hache des vieux Francs, immolait quiconque osait l'approcher !... Enfin, un chevalier normand fendit la foule ennemie, et s'approchant du Roi, lui dit en français : « Sire, au nom de Dieu, rendez-vous » ! Et Jean, fatigué de tuer, ôta son gant, et, le jetant au chevalier, répondit : « Je me rends à vous ! » Du moins, le Roi de France n'avait remis son épée qu'à un Français ! »

« Mais, après quelques heures, quand le noble prisonnier vit ces mêmes ennemis, qui s'étaient obstinés à lui refuser sur le trône le titre de Roi de France, le reconnaître pour roi dans les fers, alors il se sentit réellement vaincu. Des larmes s'échappèrent de ses yeux, et lavèrent les traces de sang, demeurées sur son visage. Au banquet de la captivité, le Roi très chrétien put dire, comme David: *mes pleurs se sont mêlés au vin de ma coupe* » (1).

Et ces pleurs, la France entière les versa comme son chef. Pourquoi ne rappellerions-nous pas que, tous ici, nous avons connu la saveur amère de larmes pareilles, lorsque, le soir du 1er septembre, il y a dix-huit ans, nous apprîmes la capitulation de Sédan! L'épée de la France était rendue, au moins pour la part la plus aguerrie de l'armée; et le roi Guillaume se vengeait de Napoléon Ier, qui, sur le cercueil du grand Frédéric, avait pris l'épée du vainqueur de Rosbach!

Mais, ne nous attardons pas à ces souvenirs trop douloureux; et, pour revenir à la triste bataille de Poitiers, disons seulement que, dans ce désastre, où pouvait périr la monarchie, le Languedoc eut la douleur virile et généreuse. « Au lieu de profiter des troubles, qui agitaient Paris, pour chercher à conquérir une égoïste indépendance, on vit nos États entourer l'héritier légitime de la couronne des témoignages du dévouement le plus efficace. La nationalité française fut surtout redevable de son salut à leur courageuse fidélité » (2).

« Les gens des trois états, — écrit Nicolas Gilles, en
» ses Annales —, de l'autorité du comte d'Armagnac,
» s'assemblèrent à Toulouse; et, libéralement, octroyè-
» rent un grand aide au Roi; et promirent soudoyer,

---

(1) Voy. Chateaubriand, *Histoire de France*, fragments, p. 129 et suiv., édit. Ladvocat, 1831.
(2) R. de Larcy, p. 130.

» pour un an, cinq mille hommes d'armes, mille gens à
» cheval armés, mille arbalétriers et deux mille pertui-
» sanniers, tous à cheval. Et outre ordonnèrent que,
» au dit pays de Languedoc, si le Roi n'étoit délivré,
» durant ladite année, homme ne femme ne porteroit
» en habillements, or, argent, ne perles, couleurs de
» verd (vair), ne gris, robes ne chaperons découpés ni
» autres cointises; et que jongleurs ne ménétriers ne
» joueroient de leur métier, durant le dit an ! »

« Les Languedociens, dit un autre auteur, ne furent point inférieurs aux Romains, ni plus tièdes pour le bien public ou l'honneur du Roi. Ce que ceux-ci avaient fait au temps de la seconde guerre punique, nos aïeux le firent en cette occurrence; et les femmes elles-mêmes offrirent spontanément leurs ornements de prix et leurs bijoux, pour solder la rançon du roi Jean » (1).

Aussi, dans leur cahier de doléances de 1483, nos aïeux osaient écrire à Charles VIII, avec quelque fierté : « Notre pays peut dire qu'il a été cause et moyen
» pourquoi le bon roi Charles VIIe, moyennant l'aide
» de Dieu, recouvra tout son pays de Guyenne et
» Normandie; et ce, par les grands services et secours,
» qui furent levés du dit pays. Et que plus est, ja[mais]
» ne sera trouvé que ledit pays fut oncques désobéyssant
» à son souverain et naturel seigneur, en refusant à le
» secourir en toutes ses affaires, quelque nécessité ou
» pauvreté qu'il ait souffert. »

(1) « *Non ergo Occitani Romanis caritate inferiores, aut tepidiores erga bonum publicum et honorem regium fuerunt. ... Omnia reipublicæ esurienti, imo mulieres propria ornamenta, sponte obtulerunt.* » G. Benedicti *loc. cit.*, ap. Cazeneuve.

V.

Puisque nous avons mentionné ces États de 1483, qu'on nous permette d'appeler un moment l'attention sur un point de nos annales, auquel nous attachons une grande importance.

On sait qu'en 1302, Philippe IV le Bel avait, pour la première fois, convoqué à Paris les États-généraux de la langue d'oïl avec ceux de la langue d'oc. Ce prince ambitieux, violent, tyrannique, auquel ses contemporains infligèrent l'injurieux surnom de *faux-monnoyeur*, avait été irrité par les remontrances du pape Boniface VIII, qui lui avait reproché d'imposer, sur le clergé de son royaume, des taxes exagérées et contraires aux privilèges séculaires de l'Église. Pour se défendre contre le Souverain-Pontife, dont il redoutait le caractère hautain et obstiné, Philippe en appela à ses propres sujets; et le 13 avril 1302, à Notre-Dame, devant les États réunis, il posa aux députés ces deux questions : « Le Roi de France est-il soumis à l'Évêque de Rome, non pas seulement dans l'ordre spirituel, mais jusque dans la conduite de son gouvernement temporel » ? — « Le royaume de France est-il une monarchie indépendante, ou bien doit-il être considéré comme un fief, soumis à la suzeraineté du Pape » ? Outre que ces demandes, ainsi formulées, étaient faites pour irriter l'amour-propre d'une assemblée française, il paraît que, par avance, afin de préparer l'opinion et de surexciter davantage les susceptibilités nationales, on avait répandu, dans le public, des exemplaires falsifiés de la bulle : *Ausculta, fili*, et que, dans ces fausses lettres, attribuées au Pape, les prétentions du Saint-Siège étaient présentées dans des termes outrageants, absolument inacceptables pour des sujets vis-à-vis de leur prince (1). Il ne faut donc pas être surpris que, malgré l'hésitation et les résistances du Clergé, les deux autres ordres aient pris feu, et qu'ils aient protesté, en affirmant que « le Roi tenait sa couronne de Dieu seul, qu'il n'était responsable que devant Dieu, et que, par conséquent, alors même que Philippe ne voudrait pas s'opposer aux empiètements de Boniface, eux-mêmes sacrifieraient volontiers leurs biens et leur vie pour empêcher de telles usurpations de pouvoir ! »

C'est là le germe, et comme la première manifestation de ce « Gallicanisme d'État », dont la France et l'Église devaient souffrir pendant quatre siècles.

Le Pape ne prétendait point, quoi qu'on en ait dit, usurper le pouvoir du Roi ; il disait, expressément : « *In nullo volumus usurpare jurisdictionem Regis* ». Mais il affirmait, conformément à la doctrine de ses prédécesseurs : saint Grégoire VII, Alexandre III, Innocent III, Innocent IV, Grégoire IX, et d'après les doctrines des théologiens les plus appréciés en France : Geoffroy de

---

(1) Voir Spondanus *Ann. Eccl.* ad an. 1301, n° II. — De Marca (*de Conc. Sac.*, IV, 16) semble admettre, d'après le témoignage du cardinal Aquasparta, que le chancelier de France, Flotte, était le faussaire. Voir Alzog, *Hist. Eccl.*, II, p. 446, édit. améric., 1880.

Vendôme, Hugues de Saint-Victor, Hildebert du Mans, saint Bernard, saint Thomas d'Aquin, que le Roi lui était soumis, au même titre que les autres fidèles, dans le for intérieur, « *ratione peccati* ». « L'Évangile et les lois morales, qui en découlent, n'ont pas une portée et une autorité différentes, selon qu'il s'agit de la plèbe ou des princes et des nobles. Le plus haut seigneur est confié, comme le plus humble vassal, à la sollicitude spirituelle de ceux à qui le Christ a donné commission de paître son troupeau... Et, comme catholique, un Roi est au rang des fils, non pas à celui des gouvernants : il est enseigné, il n'enseigne pas ».

Au surplus, comme l'a dit un auteur anglican, dont nous ne craignons pas de citer le jugement (tout en faisant sur son opinion les réserves obligatoires) : « L'opiniâtre et fausse appréciation des libertés gallicanes est devenue, avec le temps, un admirable instrument de despotisme, entre les mains des rois. Si l'on peut accuser justement le pape Boniface d'avoir voulu porter la domination du pouvoir spirituel à une hauteur, incompatible avec les droits et les fonctions de la couronne, on ne peut lui reprocher d'avoir tenté de restreindre, à son profit, les libertés de l'Église, telles qu'elles étaient établies par un usage général. Ce n'était pas le Pape, c'était le Roi, qui travaillait à ravir à l'ordre ecclésiastique les immunités, dont une possession immémoriale l'avait investi ». « La liberté de l'Eglise », telle que l'entendait Philippe IV, telle que l'ont comprise ses imitateurs, « c'était la dépendance pratique du clergé vis-à-vis de la Couronne, et son indépendance vis-à-vis du Pape. Sous le prétexte de remédier aux abus ou aux excès possibles d'une juridiction, légitime et bien fondée dans son essence, on mettait l'Église sous le joug d'une juridiction étrangère, qui n'avait pour elle aucun titre valable » (1).

Quoi qu'il en soit, les États de Languedoc, en cette circonstance, suivirent l'exemple des députés de langue d'oïl.

Ils furent entraînés par leur patriotisme et par leur fidélité traditionnelle envers leur prince. Leur province n'était-elle pas, dans leur pensée, « le pays » péculiaire du Roi, qui oncques ne lui faillit, ni désobéit » à luy, qui toujours a fait accomplir son bon vouloir, » plaisir et commandement » (2)? Pouvaient-ils, dans un moment où l'on en appelait à leur loyauté, se séparer des hommes du nord, dont le dévouement n'était pas mieux établi, et qui promettaient d'aller jusqu'au sang pour le service du Roi ?

Mais ni la piété ni le respect des trois états de Languedoc envers l'Église catholique ne furent entamés par ce mouvement si vif de zèle pour les intérêts temporels du trône. Et la preuve en est déposée dans le cahier de doléances, présenté par nos députés au roi Charles VII, en 1484, aux États-généraux de Tours :

« Parce que, disent nos aïeux, nulle chose publique » peut avoir fondement, fermeté ne durée, si elle n'a » les fondements de Dieu et de la sainte Église catho-

---

(1) *Histoire de l'Église gallicane*, par M. Hendley Jervis, I, p. 69.

(2) Cazeneuve, *Recueil des chartes*, p. 45.

» lique, — convient, principalement et avant toute cure,
» avoir regard à l'état de l'Eglise, et que icelle soit
» entretenue et gardée en ses prééminences, franchises
» et libertés, lesquelles elle a, tant de droit divin que
» humain, sans aucune chose faire au contraire » (1).

De même, quelques années plus tard, le 22 mars 1521, « les gens des trois états du pays de Languedoc,
» à savoir est : l'Eglise, nobles et commun peuple,
» représentant la chose publique dudit pays, assemblés
» et personnellement constitués en la haute et grande
» salle de la Loge, au-devant de l'église Notre-Dame-
» des Tables », écrivaient à François Ier : « et combien
» que les gens dudit pays de Languedoc, de quelque
» estat que soient, ayent esté de tout temps, et soient
» à présent, autant que jamais, en aussi bon vouloir
» envers leurdit Seigneur, que nul autre de ses subiets,
» pour luy servir et ayder, et ne espargner, pour ce
» faire, corps et biens ; neantmoins dient, en toute
» bonne correction, lesdits députés des Estats, ou leurs
» déléguez ; que là, et quand la nécessité et éminent
» péril et urgentes affaires dudit Seigneur, requerroient
» qu'il faillist nécessairement que l'Eglise contribuast
» pour la deffence du Royaume de France, seroit bien
» raison que ce fust fait par les Prelats, et du vouloir
» et consentement, à tout le moins, des Conseillers prin-
» cipaux dudit Pays, en ensuivant exprès privilège
» d'iceluy ; par lequel est dit que nulle imposition sera
» faite audit Pays, sans vouloir et consentement des-

(1) Cazeneuve, *Recueil des chartes*, p. 45.

» dits Estats, afin que par iceux soit trouvé quelque
» bon moyen et expédient, pour que l'Eglise puisse se-
» courir et ayder aux affaires dudit Seigneur, ainsi que
» le cas requerra. »

« ..Et par ainsi sera le bon plaisir du Roy pourvoir
» à ses besoins, en gardant la liberté et exemption de
» l'Eglise dudit Pays, ainsi que ses Prédecesseurs ont
» accoustumé faire : au moyen de quoy, ils ont acquis
» le titre de Roys très-chrestiens, et le Royaume en a
» esté en grande prospérité » (1).

VI.

Jaloux de protéger les droits de l'Église, dont ils étaient les disciples fidèles, les États de Languedoc ne l'étaient pas moins d'assurer la bonne administration de leur province bien-aimée, de cette « patrie occitanienne », dont tous les intérêts leur étaient confiés.

Ils disaient d'elle, avec une emphase affectueuse et attendrie : « Le dit pays de Languedoc est un pays,
» comme chacun sait, de grande étendue, ayant par
» mer et par terre plusieurs et divers passages, au
» moyen desquels l'on peut grandement augmenter et
» enrichir ledit pays : et aussi plusieurs notables églises,
» et mêmement vingt-trois églises cathédrales, des-
» quelles trois sont métropolitaines ; et plusieurs belles
» et grandes abbayes et monastères, grandement fon-

---

(1) La Grand-Charte de plusieurs beaux privilèges du pays de Languedoc. Cazeneuve, p. 162.

» dés et doués, plusieurs beaux collèges, belles églises
» collégiales. Parquoi ledit pays, raisonnablement, entre
» tous les autres doit être chéri, gardé et aimé » (1).

Aussi le servaient-ils avec le plus assidu dévouement.

Leurs assemblées avaient eu lieu trente-cinq fois, à des intervalles assez rapprochés, entre les années 1269 et 1500. A partir de cette dernière date, ils se réunirent annuellement, soit à Toulouse, soit, à tour de rôle, dans la sénéchaussée de Carcassonne ou dans celles de Beaucaire et de Nimes (2). Là, on traitait, tour-à-tour, des affaires extraordinaires, du règlement des comptes, du cahier des doléances, de la vérification des Assiettes des diocèses, des travaux publics de la province, de l'état des manufactures, de l'amélioration de l'agriculture, de la surveillance des services militaires, et enfin des demandes des commissaires du Roi, relativement aux impositions. On voit que le temps des États était longuement et utilement employé.

Au point de vue financier, nous l'avons déjà dit, ils avaient fait consacrer successivement, de règne en règne, de Charles VII à Louis XIV, le privilège que « aucune imposition ne serait faite dans la province, que, préalablement, elle n'eût été *consentie* par les gens des trois États » (3), et ce, « en faveur de la
» grande et parfaite amour et loyauté, qu'ils avaient
» toujours montré, sans varier, envers le Prince, ayant

---

(1) Cazeneuve, *Chartes du Languedoc*, p. 44.
(2) Arrêt de François Ier, 28 mars 1532.
(3) Charles VII, 1426. — Louis XIV, à Toulouse, décembre 1659.

» libéralement contribué aux charges et affaires du
» Royaume, et étant encore délibérés de le faire » (1).

Le droit de s'imposer eux-mêmes ; la condition de ne voter les subsides qu'après s'être fait constater leur nécessité, et, par cela même, une sorte de contrôle lointain sur les dépenses et sur la conduite des officiers royaux ; le très vif sentiment de leur dignité de sujets, mais de sujets, qui obéissaient librement, et non par contrainte (2) ; l'idée très affermie que nulle guerre, nulle alliance ou ligue, soit offensive, soit défensive, d'où pourrait sortir une cause de danger pour le pays, ne devait être commencée et continuée sans l'aveu des États-généraux : telles étaient, dans leurs grandes lignes, les pensées constitutives, et comme le fond même des sentiments de la province de Languedoc, au sein de laquelle il semble que les notions, qui se firent jour, encore un peu confusément, dans les assemblées de Pontoise, de Blois, de Tours, d'Orléans, avaient pris un développement plus hâtif et des contours plus nets. Jusqu'à la fin, nos députés demeurèrent fidèles à ces sentiments et à ces pensées !

Le concours, apporté par le Languedoc, pour les dépenses générales du royaume, était considérable ; et peut-être n'est-il pas inutile, même aujourd'hui, de rappeler l'étendue des sacrifices de notre province pour

---

(1) *Chartes du Languedoc*, p. 89.
(2) « Jamais le Parlement n'a porté les chaînes, dont vous cherchez à lier des hommes libres », disait le président De Caminade à Condé : « Si vous nous ôtez la liberté, nous nous retirons ». — Gachon, *Etats de Languedoc*, p. 202.

l'ensemble du pays. En 1789, le 7 février, nos États reconnaissent que, jusqu'à ce jour, ils « avaient cru que le mystère et le secret étaient le caractère essentiel de toute administration ». « De toutes les parties de l'administration, celle des finances était celle qui était surtout restée couverte de nuages, qu'il n'avait été donné à personne de dissiper. » « Mais, à partir de ce moment, ils vont rendre public, par la voie de l'impression, le tableau de leur comptabilité, afin que chaque citoyen soit éclairé sur la mesure et l'emploi des contributions et des dépenses de la province ».

Ils déclarent donc que, pour cette année, ils donnent au Roi, c'est-à-dire à l'État, *douze millions, huit cent quatre-vingt mille livres*, tandis qu'ils ne conservent, pour les charges auxquelles ils ont eux-mêmes à suffire, que la somme de *un million six cent vingt-quatre mille sept cent vingt livres*. Plus des neuf dixièmes des ressources de la province étaient attribués au Trésor royal.

Et si l'on ajoute à ces impôts, volontairement consentis, les sommes que les États payaient encore au Roi, « par abonnement », pour maintenir le droit municipal d'élection contre la vénalité de certaines charges, et par conséquent « pour, demeurer fidèles à leurs doctrines sur la liberté civile et à leur principe d'indépendance politique », on verra que le Languedoc a noblement acquitté sa dette envers la grande patrie. « On n'y est pas moins soumis qu'ailleurs, disait Fénelon, et on y est moins épuisé ! »

Plusieurs fois même, nos ancêtres profitèrent de la réputation qu'ils avaient acquise par la sage administration de leurs finances, pour faciliter au Roi des emprunts, garantis par leur crédit (1). En 1789, ils se chargèrent encore, à la prière de Louis XVI, d'une dette de douze millions (2). En cette seule année, c'était donc *vingt-quatre millions* qu'ils mettaient à la disposition du Trésor ! N'avons-nous pas le droit d'être un peu fiers de nos aïeux ?

VII.

Les *Cahiers de doléances* de nos États n'étaient pas moins remarquables que leur générosité. « Dans le silence du royaume, l'opinion de la Province prenait en eux une voix » (3) ; et cette voix, quoique respectueuse, n'en demeurait pas moins fière et noble. En 1786, l'Evêque d'Alais, chargé de complimenter Louis XVI, au nom du Languedoc, lui disait éloquemment : « Les formes
» sacrées de la liberté, conservatrices de nos droits,
» attachent à nos délibérations et à nos sacrifices un
» prix et un éclat, qui les ennoblissent aux yeux de
» Votre Majesté » (4).

Jusque dans ces députations à Versailles, qui suivaient chaque tenue de nos assemblées, l'esprit libre de la Province s'affirmait. La Cour avait voulu créer le précédent de « recommander » elle-même au choix des

(1) R. de Larcy, p. 460.
(2) Voir le *procès-verbal* de la dernière assemblée des États de Languedoc. A Montpellier, chez J. Martel aîné, imprimeur ordinaire du Roi et de Nosseigneurs des États-généraux de la province de Languedoc ; 1789, in-f°.
(3) Gachon, p. 39.
(4) R. de Larcy, p. 460.

membres des États tels ou tels députés, qui seraient mieux agréés et plus favorablement accueillis. On ne cessa de protester contre cette confiscation détournée du droit d'élection; et, dans les procès-verbaux de 1789 (1), nous trouvons une lettre de M. Laurent de Villedeuil, assurant aux États que, « désormais, ils » jouiraient d'une entière liberté dans le choix de leurs » députés, et que le Gouverneur de la province ne ferait » plus de recommandation pour leur nomination ».

Que dire maintenant des améliorations matérielles, poursuivies par les assemblées du Languedoc, et dont les monuments sont encore sous nos yeux? Ponts, routes, canaux, quais, promenades, nous jouissons encore aujourd'hui de toutes ces créations, admirablement conçues et magnifiquement exécutées.

Et quelle suite dans les encouragements donnés aux sciences, aux arts, à l'industrie! Les travaux de Dom Vaissete, pour l'histoire du pays tout entier, ceux de Dom Pacotte pour les archives de Nimes, de Beaucaire et d'Aiguemortes, furent entrepris sous les auspices des États.

Fabriques de draps à Lodève, à Clermont, à Bédarieux, à Carcassonne, et lutte contre la vente des draps anglais, dans les échelles du Levant; lainages du Vivarais et du Gévaudan; soieries de Nimes, de Viviers et de la Lozère; instruments perfectionnés pour le tissage; charrues à *semoir* (2); moulin à blé portatif « sans eau et sans vent »(3); « martinet » pour la fonte du fer, aux environs

---

(1) R. De Larcy, p. 407.
(2) Par Arnaud Montréal, de Montpellier.
(3) Par Cornu, horloger, de Montpellier.

d'Alais; établissement de pépinières d'oliviers, pour le Bas-Languedoc; à quelques années de distance seulement (1754 et 1761), don au roi de deux vaisseaux de haut-bord, chacun de 80 canons (1), pour soutenir la guerre contre les Anglais : n'est-il pas merveilleux de voir nos États suivre ainsi, avec sollicitude, tous les intérêts du pays, et seconder les arts ou les travaux de la paix, en même temps qu'ils soutiennent les efforts militaires de l'armée ou de la marine !

Il y eut pourtant une grande ombre, un voile de deuil, jeté sur l'histoire des États de Languedoc ! Un moment, ils parurent oublier ce qu'ils devaient au roi Louis XIII; ils semblèrent s'engager dans la révolte de leur malheureux gouverneur, Henri II de Montmorency.

Du 28 juillet au 12 août 1629, le cardinal de Richelieu avait été, à la Grange des Prés, non loin de Pézenas, l'hôte du duc de Montmorency, « qui lui avait donné de grandes marques d'attachement ». Le grand ministre ne pensait pas que, moins de quatre ans après, il livrerait à l'échafaud cette noble tête, sur laquelle deux siècles écoulés ne nous empêchent point de nous attendrir.

Tant que le Gouverneur du Languedoc s'était borné à soutenir auprès du Roi et du Cardinal les privilèges de la province, méconnus par l'établissement des « élus », c'est-à-dire des officiers royaux, à qui on voulait confier le soin de déterminer, de répartir et de

(1) En remerciant les États, Louis XV leur promit que, désormais, dans la marine française, il y aurait, « à perpétuité, un vaisseau de même rang, qui porterait le même nom. » 1er décembre 1761.

percevoir les impôts ; tant qu'il s'était fait ainsi le défenseur des traditions du passé, de la vie locale et des droits anciens de ses administrés, Montmorency était dans son rôle et dans son devoir.

Malheureusement pour lui, il se laissa tenter par les propositions du propre frère du Roi, Gaston d'Orléans, prince faible et ambitieux, toujours prêt à ouvrir l'oreille aux suggestions des mécontents, toujours incapable de soutenir avec fermeté ses révoltes et ses complices. Non content de se déclarer, les armes à la main, contre l'autorité royale, Henri de Montmorency engagea les États dans sa querelle, malgré les prières et les généreuses oppositions de l'archevêque de Narbonne, Mgr. de Rebé (1). Bien plus, il leva des troupes, noua des intrigues avec les Espagnols, que l'on rencontrait alors constamment disposés à se représenter la France comme un héritage auquel ils avaient des droits; il alla jusqu'à tenter de soulever les protestants, à peine remis de leurs dernières guerres religieuses: c'était, hélas ! une véritable rébellion. Richelieu, — nous osons le croire, malgré les affirmations de M. de Basville (2), — n'avait pas tendu de piège à l'âme confiante et vaine

(1) Voir *Gallia christiana*, VI, p. 121. « *Probatæ fidei exemplum :... cum Henricus Monmorenciaci dux conventum publicum, apud Pezennates Septimaniæ haberet, omnesque sollicitaret ut hostiles Hispanorum turmas contra regis obsequium admitterent, obstitit generosissimus præsul... Quamobrem, jubente Monmorenciaco, custodiæ traditus est... Cum a rege diversis in legationibus multa beneficia in Provinciæ utilitatem meruisset, novissim tandem obtinuit ut antiquis privilegiis gauderet* »...

(2) R. de Larcy, p. 450.

de Montmorency. Mais il ne pouvait pas tolérer un tel mépris de l'autorité souveraine ; il ordonna au Parlement de Toulouse de juger le gouverneur du Languedoc, qui, malgré son imprudente bravoure, n'avait pu trouver la mort sous les murs de Castelnaudary, en combattant contre le maréchal de Schomberg.

L'arrêt de la Cour fut rendu à l'unanimité ; et le dernier Montmorency, de la branche ducale, fut décapité, le 30 octobre 1632.

La postérité, moins sévère que Richelieu et que le Parlement, s'obstine à trouver des excuses à ce jeune homme, si beau, si vaillant, si bon,— et que sa fermeté d'âme, sa douceur, sa piété rendaient encore plus digne de sympathie et de pitié.

En France, où le roman se glisse jusque dans l'histoire, la duchesse de Montmorency a plaidé et gagné la cause de son malheureux époux (1). Elle n'avait rien épargné, aux jours heureux de leur vie conjugale, pour le retenir sur la pente de la révolte. On en a la preuve dans les paroles touchantes, que lui fit transmettre Montmorency, couvert de sang, après sa défaite : « Vous direz à ma femme le nombre et la grandeur des » blessures que j'ai reçues ; et vous l'assurerez que celle » que j'ai faite à son esprit — sans doute en n'écoutant

(1) Sans vouloir abuser des inductions historiques, j'oserai hasarder la conjecture que Corneille, en composant et en publiant sa tragédie du *Cid*, en 1636, — quatre ans après le supplice de Montmorency —, a, plus d'une fois, pensé à ce malheureux prince ; et j'expliquerais ainsi, plus que par une jalousie littéraire, l'irritation du cardinal Richelieu contre le succès de cette belle œuvre.

» pas ses avis — m'est incomparablement plus sensible
» que toutes les autres ! » (1)

Après la catastrophe sanglante, qui lui avait enlevé le bonheur et l'honneur de sa vie, Madame de Montmorency ne voulut demander qu'à Dieu la consolation de son veuvage. Elle survécut trente-quatre ans à son mari ; et toutes ces années, remplies par la prière, le travail et les larmes, furent un hommage silencieux à la mémoire d'un prince, héroïque jusque dans ses fautes, et que le malheur a absous.

Les États de Languedoc, il fallait s'y attendre, subirent, sous la main redoutable du Cardinal, le châtiment d'une heure d'égarement. On les punit de leur démarche inconsidérée, à la suite et sous l'influence du duc de Montmorency, en leur retirant, par l'édit de Béziers — 4 octobre 1632 —, le droit de discuter l'impôt, celui de prolonger leurs assemblées au delà de quinze jours, et celui de se réunir plus d'une fois par an. Enfin, la charge de trésorier de la Bourse, — de l'agent financier de la province —, cessait d'être au choix des États : elle devenait un office royal.

Toutefois, ces sévérités se relâchèrent bientôt (2). L'édit de Béziers ne fut en pleine vigueur que pendant dix-sept ans ; et dès 1649, le Languedoc se fit reconnaître le droit de délibérer sur ses impôts. Avec des

---

(1) *Histoire de France*, par M. Guizot, IV, 53. Montmorency avait reçu dix-sept blessures, parmi lesquelles trois balles dans la bouche. On voit qu'il avait combattu en désespéré.

(2) *Revue historique* ; article sur le livre de M. Gachon, par M. Marion, p. 16 et suiv., janvier, février 1889.

alternatives diverses, et malgré des crises graves, telles que celles qui furent causées, en 1752 principalement, par les volontés de la Monarchie toute-puissante, notre province continua, jusqu'au bout, à s'administrer elle-même, à tous les degrés de la hiérarchie. Sur notre sol, les libertés, atteintes ou détruites par Richelieu, étaient si profondément enracinées, qu'elles reprirent toute leur force après lui, et se maintinrent jusqu'à la Révolution. Sacrifiant tout pour garder au moins le droit de vivre, les députés de nos États firent bon marché de ce qui n'était qu'une question d'argent ; et ils vinrent à bout de se maintenir avec dignité, « assez fermes pour ne pas se laisser trop amoindrir, assez conciliants pour n'être pas tout à fait supprimés ».

Nous devrions dire un mot de l'attitude que les États de Languedoc gardèrent vis-à-vis des protestants. Il serait curieux de voir que les intendants reprochèrent souvent aux évêques, — en particulier au cardinal de Bonzi et à l'évêque de Nimes, Mgr. de Toiras —« d'être mous et faibles », vis-à-vis des prétendus réformés (1). Mais nous ne pouvons pas nier que, dans notre province, où les guerres religieuses avaient entassé tant de ruines, la révocation de l'Édit de Nantes n'ait été accueillie par

(1) Voir H. Monin, *Essai sur l'histoire administrative du Languedoc*, p. 8 et 9 ; Gachon, *les Etats de Languedoc et l'Edit de Béziers*, p. 7, note 6. M. L. de Lavergne, dans son beau livre sur les *Assemblées Provinciales*, p. 409, raconte que, « en juillet 1788, Mgr. Dillon, archevêque de Narbonne et Président-né des Etats de Languedoc, remercia publiquement le roi Louis XVI, d'avoir rendu l'état civil aux protestants, et *d'avoir ainsi mis un terme à l'étonnante contradiction, qui armait les lois contre les droits de la nature* ».

la majorité des catholiques avec des applaudissements presque unanimes. Et pourtant cette révocation, « si elle n'était pas totalement arbitraire et capricieuse, était au moins une mesure inopportune et dangereuse ». Ainsi en jugea le Pape Innocent XI, qui, selon le témoignage impartial de Macaulay, n'étant pas en termes assez amicaux avec le Roi de France, pour s'adresser à lui directement, demanda à Jacques II de solliciter auprès de Louis XIV, en faveur des protestants opprimés ! (1)

Durant leur dernière assemblée, en 1789, le 21 février, Mgr. de Narbonne « présenta aux États, de la part de M. de Florian, capitaine de dragons, gentilhomme de S. A. S. Mgr. le duc de Penthièvre, de l'Académie française et des Académies de Madrid, de Florence, de Lyon, de Nimes, d'Angers, etc.., un exemplaire de sa pastorale, intitulée : *Estelle* ». Il est curieux de voir ce vieil évêque recommander longuement « à la flatteuse émotion de la sensibilité » de ses graves collègues, un ouvrage, où, « sous le voile des mœurs champêtres, ne respire que la raison, embellie de la seule parure de la nature et de la vertu ». Il exalte dans cette composition « les grâces du style, la fraîcheur des images, la pureté des sentiments, la candeur naïve et attachante des interlocuteurs, tout ce qui porte à ce calme paisible, qu'il serait heureux de répandre partout dans les esprits et dans les cœurs » (2).

(1) Alzog, III, p. 382, not. I, édit. améric.
(2) Procès-verbaux de l'assemblée des Etats de Languedoc, 1789, p. 526.

Et tandis que, d'une main, le dernier président de nos États répandait ainsi des fleurs et des parfums sur les pages d'un livre un peu fade, dont le mordant Sainte-Beuve a dit « qu'il faut, pour y prendre quelque intérêt, le lire à quatorze ans et demi, et que, à quinze ans, il serait déjà trop tard » (1); de l'autre main, plus virile et plus courageuse, ce même prélat signait, avec les députés du Clergé, de la Noblesse, du Tiers-Etat, qui possédaient des biens « nobles » (2), l'expression du vœu personnel qu'ils formaient unanimement, « d'être désormais associés à toutes les impositions de la province, tant royales que locales ». C'était un pas en avant, vers la suppression des privilèges; dès le 29 janvier 1789, notre assemblée provinciale entrevoyait et saluait la fameuse nuit du 4 août !

VIII.

Les États de Languedoc, admirés par la France entière, — si bien que, en 1588, à Tours, les députés de la noblesse demandèrent que toutes les provinces fussent transformées en « pays d'États » —, auraient pu compter que leur existence ne serait pas mise en jeu par ceux-là mêmes, dont ils avaient si longtemps sauvegardé les intérêts.

Mais, la reconnaissance n'est pas plus promise aux associations nombreuses, qu'elle ne l'est aux individus

(1) *Causeries du Lundi*, III, p. 238.
(2) M. Madier de Montjau signa « pour son père et pour lui ». Procès-verbaux, p. 529.

isolés ; ce que Commines, Sully, Fénelon, Saint-Simon, parmi les anciens, Tocqueville, Lavergne, Picot, parmi les modernes, ont admiré et loué dans cette organisation simple, libre et fière, les utopistes du dix-huitième siècle le mirent en question et l'ébranlèrent.

« Quelques années avant 1789, le courant général des idées, excité par les écrits des économistes et des philosophes, se détermina dans le sens d'une émancipation effective des États. L'archevêque de Narbonne, Mgr. Dillon, prit la direction de ce mouvement ; et, jusqu'à la Révolution, il fit du Languedoc une véritable principauté, jouissant de tous les avantages d'un gouvernement libre ».

« Malgré l'éclat et les bienfaits de cette administration, il se forma, peu à peu, dans la province, surtout en 1788, un mécontentement très marqué contre la constitution des États, auxquels on reprochait principalement de manquer du caractère électif » (1).

« Cette fièvre gagna bientôt la ville même de Mont-

(1) Pendant le nuit du 4 août 1789, M. de Marguerittes, maire de Nimes, déclara à la tribune de l'Assemblée constituante, à Versailles, que nos États étaient « inconstitutionnels » et « non-représentatifs ». Ce magistrat, qui avait siégé aux derniers États de Languedoc, du 15 janvier au 21 février 1789, sentait bien que, en parlant ainsi, il dépassait les intentions de ses commettants, et que « son mandat ne l'autorisait point à renoncer aux privilèges particuliers de la province ». A plus forte raison, n'aurait-il pas dû attaquer lui-même l'antique constitution de l'assemblée provinciale. Les Évêques d'Uzès, de Nimes, de Montpellier et M. le Baron de Castries, qui parlèrent après le maire de Nimes, me paraissent avoir gardé une attitude plus nette et tout aussi patriotique. — Voir Buchez et Roux, *Histoire parlementaire de la Révolution Française*, t. I, p. 235.

pellier, siège habituel des Assemblées provinciales, et la Cour des Aides alla jusqu'à rendre un arrêt, en date du 9 janvier 1789, où elle qualifiait les États, qui étaient alors sur le point de se réunir, de *corps sans réalité, d'assemblée sans caractère, d'administration sans pouvoirs.* »

« Aussi, quand les États s'assemblèrent, pour la dernière fois, le 15 janvier 1789, ils furent assaillis par un déluge de brochures, de protestations et de chansons ; on put même craindre des voies de fait contre les personnes, et la procession ordinaire fut écourtée, sous prétexte de pluie. Malgré cela, la session se tint régulièrement, avec une sorte de fierté romaine, sous la présidence de l'Archevêque de Narbonne, et plusieurs résolutions importantes furent arrêtées, comme si les temps eussent été calmes, et l'avenir certain. »

« Mgr. Dillon, doué d'un esprit élevé et maître d'un style énergique, présenta, d'une manière large et rapide, les grands travaux des États, depuis dix années ; il indiqua les projets entrepris, les progrès accomplis, les améliorations réalisées ; et il alla jusqu'à jeter un coup d'œil pénétrant sur l'assemblée prochaine des États-généraux, dont il désirait le succès, comme citoyen, mais dont il redoutait les suites, comme homme d'État » (1).

« Enfin, pour répondre aux inconvenantes attaques et aux injurieuses rumeurs du dehors, il annonça, dans les termes les plus simples et les plus dignes, qu'un

---

(1) Voir L. de Lavergne, *les Assemblées provinciales sous Louis XVI*, pp. 405 à 409, 2ᵉ édit. Paris, Calmann Lévy, 1879.

arrêt du Conseil, une lettre du Roi et une de M. Necker assuraient l'assemblée des États que son administration avait été « injustement soupçonnée, faussement accusée, et que, s'il était nécessaire, pendant la tenue des États-généraux, une députation du Languedoc serait appelée à Versailles, afin que les services rendus à la province et à l'État par les États particuliers fussent connus des représentants de la nation, comme ils l'avaient toujours été par le gouvernement » (1) ! Il eût été beau de voir nos députés recevoir du Roi, devant l'élite de la nation, ce témoignage solennel de reconnaissance. Mais c'est déjà beaucoup qu'une telle pensée se soit présentée à l'esprit de Louis XVI et de ses conseillers !

Ainsi, la Monarchie expirante récompensait la fidélité et le dévouement de nos aïeux. Ces paroles d'éloge retentissaient ici, le 21 février 1789 ; et, le 4 août, notre province avait cessé d'exister !

Et maintenant, pour donner à ce long discours une conclusion, qui résume les pensées, dont j'avais l'âme remplie, en l'écrivant, permettez-moi d'emprunter une phrase à la correspondance d'un homme, qui a illustré la tribune française, dont le génie a vivifié et inspiré toutes les études littéraires et historiques de notre temps, et dont l'âme généreuse, au milieu de beaucoup de défaillances, a pourtant gardé fidèlement le culte de la religion et de l'honneur !

Châteaubriand, le 30 juin 1833, disait à la fille de Louis XVI, à cette Duchesse d'Angoulême, « dont les

(1) Procès-verbaux des États de Languedoc, 1789, pp. 522 et 560.

malheurs ont été une des dernières grandeurs de la monarchie » :

« Je cherche à rallier, près du trône antique, ces idées modernes, qui, d'adverses qu'elles sont, deviendront amies, en passant par ma fidélité... Présidez, Madame, à la consécration d'un édifice unique, rebâti avec les matériaux divers de la monarchie et de la république; et ouvrez, d'une main pure et bénie, les portes du nouveau temple » (1), où se rencontreront et s'uniront tous les Français !

Effaçons les mots, qui rappellent encore nos divisions et nos erreurs; mais, comme le chantre d'Eudore et de Cymodocée y invitait la fille du Roi-martyr, travaillons ensemble à rapprocher et à joindre ensemble le passé et l'avenir de notre pays bien-aimé. Ne calomnions plus son histoire, ne méconnaissons pas ses grandeurs; rappelons les institutions d'autrefois, sinon pour les rétablir, au moins pour y trouver des leçons et des modèles ; et que, par nos mains, faibles mais dévouées, s'élève et s'affermisse l'édifice majestueux, où se scellera de nouveau l'alliance indissoluble de l'Église et de la Patrie !

(1) M. de Châteaubriand, par M. Villemain : *la Tribune moderne*, I, p. 533

ALLOCUTION

PRONONCÉE DANS

L'ÉGLISE NOTRE-DAME DES TABLES

LE DIMANCHE 17 MARS 1889

A L'OUVERTURE DE L'ASSEMBLÉE COMMÉMORATIVE
DE LA RÉUNION DES SÉNÉCHAUSSÉES DE LANGUEDOC

EN JANVIER ET MARS 1789

Cette Allocution a été reproduite d'après des notes assez fidèles, qu'on a bien voulu nous confier.

Mes très chers Frères,

C'est la seconde fois, depuis le commencement de cette année, que, dans une église catholique, sous l'impulsion d'un sentiment de foi et de patriotisme, quelques hommes se réunissent, pour célébrer ensemble, devant les autels, sous les regards de Dieu et du pays, le centenaire de 1789. Nous avons, dans notre histoire, bien des dates importantes; pourquoi donc celle-là, entre tant d'autres, a-t-elle le privilège d'exciter les esprits et d'agiter, en des sens opposés, les cœurs de nos compatriotes? Pourquoi les uns se réclament-ils de 1789, comme du jour où la France moderne est née, — notre pays n'ayant connu jusque-là que ténèbres et tyrannie? Pourquoi les autres, — et nous sommes de ceux-là —, s'effrayent-ils souvent du sens, que l'on prétend donner aux évènements de 1789; pourquoi tiennent-ils à affirmer leur respect pour le passé; pourquoi demandent-ils le droit d'associer, dans leur cœur, le culte et les traditions de la France ancienne avec l'amour de la France nouvelle?

Cette diversité de sentiments, ces vues opposées sur

un des plus grands faits de la vie nationale, voilà sans doute ce que, à l'étranger, on a de la peine à comprendre. Pour nous, chrétiens et Français, il faut bien que, pendant cette année, nous essayions de nous familiariser avec les idées que cette date rappelle ; il faut que nous consacrions, loyalement, tous nos efforts à amener la pacification du pays. C'est la pensée de tous ceux qui, durant ces quelques jours, vont s'occuper ici des questions sociales et économiques. Ce qu'ils veulent, ce que nous voulons avec eux, ce n'est pas rétablir un ordre de choses suranné. Nous n'avons pas à cœur de ressusciter l'ancien régime. Ce régime est mort : il est enseveli. Quelle qu'ait été son histoire, quel que soit le jugement, favorable ou sévère, que nous portions sur lui, sa tombe est scellée ; nous passons en la saluant, nous ne songeons point à le faire revivre.

Ce que nous désirons, ce que nos vœux et nos prières appellent, c'est la paix sociale. Ai-je besoin de vous l'apprendre et de le dire ? La France est fractionnée à l'infini ; il y a, dans son sein, des partis, et des partis encore. Il y a les partis, qui sont nés depuis longtemps ; il y a les partis, qui se forment, et qui cherchent à se saisir du gouvernement pour exercer les prérogatives de la puissance souveraine, et conduire à leur gré les destinées de la patrie.

Eh bien ! il me semble, mes Frères, qu'il serait glorieux, qu'il serait digne de notre titre de chrétiens et de Français, d'envisager l'avenir du pays sous un autre jour. Certes, nous comprenons les fidélités honorables :

il n'y a même, à vrai dire, que la fidélité, qui puisse relever et ennoblir la vie politique. Mais, sans prêcher, sans pratiquer une indifférence, qui nous paraîtrait honteuse; sans recommander une neutralité banale, qui ressemblerait à une abdication, indigne d'une âme virile, nous voudrions voir s'établir, au sein de notre chère nation, parmi toutes les intelligences et dans tous les cœurs, ce bien suprême, qui s'appelle : la paix, la paix, fondée sur ce qu'il y a au monde de plus précieux, sur la vérité.

Ah! comprenez-moi bien, mes Frères! Il y a des heures où l'âme d'un évêque est comme écrasée sous le poids de sa responsabilité! C'est en hésitant, presque en tremblant, que je vous parle en ce moment! Non que je craigne pour moi : j'aurais bien mal profité des leçons que j'ai reçues dans ma jeunesse, si j'avais peur de manifester mes convictions, si, même devant un danger, j'avais la faiblesse coupable de les dissimuler. Mais, je ne puis m'empêcher de trembler, et je tremble par amour pour l'Église, dont je suis ici le véritable représentant. Je ne dois, je ne voudrais rien dire, qui ne soit l'expression de ses sentiments et de ses pensées; et, si je suis libre de me hasarder moi-même, je ne puis ni hasarder ni compromettre l'enseignement ou l'autorité de l'Église.

Lors donc que je suis amené, par des circonstances impérieuses, à toucher à une question, aussi délicate que celle des doctrines et des œuvres de la Révolution française, vous ne serez pas étonnés qu'il y ait, dans mon âme, une sorte d'inquiétude et de malaise profond. Ce seul mot de Révolution, qu'on prononce tantôt avec orgueil, tantôt avec colère, est-ce qu'un fils respectueux de l'Église a le droit de l'adopter et de le faire entrer dans son langage, sans l'avoir d'abord purifié ? Le renversement violent des institutions anciennes ; la ruine totale d'un ordre de choses, que les siècles semblaient avoir consacré ; la confiscation, l'arbitraire, l'exil, la mort, tous ces excès, dont la Révolution a été le signal, pouvons-nous, sans protestation, les amnistier et paraître les absoudre ? Ah ! si la Révolution, — ou ce qui est né d'elle —, avait consenti à se faire « baptiser » pour ainsi dire ; si, après avoir répudié, blasphémé, outragé tout ce qu'il y a de plus sacré, elle avait témoigné, par la bouche de ses orateurs, de ses philosophes, de ses historiens, de ses partisans, le regret de ses erreurs et le repentir de ses fautes, nous aurions pu lui pardonner, l'excuser, traiter avec elle sur le pied d'une réconciliation sérieuse et sincère. Mais quelque chose de pareil s'est-il produit, depuis un siècle? Les théories révolutionnaires se sont-elles adoucies et corrigées elles-mêmes, avec le temps? Un des champions les plus résolus, les plus audacieux de la Révolution va nous le dire. Pressé, par un ami, de donner la formule dernière de ses idées, Proudhon répondait, sans hésiter : « Le dernier mot de notre programme, c'est de nier, de nier toujours ; athées, en religion, nous sommes anarchistes, en politique; nous nions toute autorité, toute loi; la famille, la société ne sont, pour nous, que des appellations, vides de sens, dont il faut débarrasser l'imagination populaire. La propriété elle-même est un mal ; et par conséquent, notre doctrine, c'est la négation totale, absolue, c'est le néant. »

Comment l'Église, fille de Dieu, de Celui qui s'est appelé Lui-même : la Vérité, « *Ego sum veritas* », pourrait-elle accepter un tel système, sorte d'évangile à rebours, établi sur la négation à outrance : négation de Dieu, de la propriété, de la famille, de tout droit, de tout devoir? Et s'il en est ainsi, mes très chers Frères, si c'est là, vraiment, le dernier mot de la Révolution, comment pourrions-nous mettre ce mot sur nos lèvres, avec quelque sympathie ?

Et cependant, nous ne repoussons pas, sommairement et de parti pris, ce qu'il y a de juste et de noble dans ces idées d'égalité, de liberté et de fraternité, que la Révolution a faites siennes, qui composent sa devise, et dont les noms remplissent le fronton de tous nos monuments.

Que l'on nous vante l'égalité civile ; nous accueillerons facilement ce principe social, dont le christianisme, par la bouche de saint Paul, a donné la première et la plus haute formule. Nous ne réclamerons pas d'ailleurs de privilèges ; et nous serons satisfaits si la loi commune n'est pas dirigée contre nous, si elle n'est pas un piège que l'on tende à notre bonne foi comme à la simplicité de notre obéissance. Qui donc oserait dire que la fraternité n'est pas au fond des croyances chrétiennes? Aussi souhaitons-nous qu'elle passe efficacement dans les mœurs; et nous en donnons pour cela l'exemple, autant qu'il dépend de nous.

Je ne conseillerai jamais d'entendre autrement, dans l'état présent de la société, les rapports entre les partisans des diverses opinions, religieuses ou politiques, qui se partagent le monde! Ce n'est point que j'oublie le vœu formel de Jésus-Christ, appelant tous les hommes à l'unité dans la foi! Ce n'est point que je considère, comme un bien, cet état terne des intelligences, dans lequel, par peur de la lumière, on se cantonne volontairement dans une région nuageuse, où nul rayon, émané d'un symbole précis, n'éclaire l'horizon. Mais, dans les rapports habituels, tout extérieurs, la tolerance des opinions est une suite nécessaire des conditions actuelles de la vie sociale; et sans que nous abandonnions le devoir de chercher à faire des prosélytes, nous pouvons, sans trahir notre vocation, présenter à tous, loyalement, une main, qui les appelle toujours et ne les repousse jamais.

Avons-nous davantage le désir d'étouffer la liberté?

Je sais qu'on a reproché à l'Église cette parole de l'un de ses plus éloquents défenseurs: « Nous réclamons la liberté pour nous, lorsque nous sommes la minorité; et nous la refuserons aux autres, lorsque nous possèderons le pouvoir ». C'est là une parole, échappée aux ardeurs de la polémique; ce n'est pas une parole de doctrine; et je ne crains point de répéter ce que j'ai déjà avancé plus d'une fois: c'est que, si, par impossible, les catholiques, jamais, arrivaient au pouvoir, en tant que catholiques, ils maintiendraient la liberté civile et religieuse, et n'inquièteraient que les pervers et les méchants.

Est-ce que nous n'arriverons jamais, en nous inspirant mutuellement de ces pensées, à diminuer, à effacer même les tristes conséquences de nos discordes? Est-ce que, dès qu'il s'agira des grands intérêts de la patrie, nous ne ferons pas enfin cesser les divisions? Et devons-nous repousser, comme une illusion, l'espérance de voir, un jour, écartées et jetées à terre, les barrières, qui accusent aujourd'hui, parmi nous, les hostilités et les malentendus? C'est là l'œuvre à laquelle se lient intimement les destinées de la Patrie! Elle ne peut devenir prospère que par l'union de tous ses fils. Quelle ambition plus noble et plus généreuse, que d'amener enfin cet heureux et fécond résultat? Quand ce ne serait là qu'un rêve, pourquoi ne le ferions-nous pas ensemble? C'est là le but élevé que poursuivent les hommes de cœur, réunis au pied de cette chaire! Ils ont pris sur eux le soin de dépouiller à nouveau « les cahiers de la nation », ces cahiers de 1789, monument admirable des vœux de nos ancêtres pour le grandeur et le bonheur de la France. Ils veulent, et nous voudrions avec eux, reprendre cette œuvre de restauration nationale, si vite entravée, trop tôt détournée de son objet et douloureusement avortée.

C'est pour atteindre à un tel résultat, c'est au moins pour en approcher, que votre Congrès et ses multiples Commissions, mes Frères, vont se mettre à l'œuvre.

Certes ! à la veille d'une élection, quand un candidat sollicite les suffrages de ses concitoyens, on peut se croire autorisé à suspecter sa bonne foi, on peut soupçonner qu'il ne tiendra point tout ce qu'il promet, et qu'il n'a pas dans le cœur ce qu'il met sur ses lèvres. Mais comment soupçonner la sincérité, le désintéressement, le dévouement effectif, qui nous portent à opposer aux espérances et aux désirs de nos pères, en 1789, les désillusions et les cruelles expériences des générations dont nous sommes les fils? Il ne serait point patriotique de dresser ainsi, devant les étrangers, le bilan de nos mécomptes, si cette enquête, au lieu d'être loyale, était conduite par un esprit étroit et mesquin.

Les « doléances », que nous nous proposons de formuler, ne sont ni de stériles récriminations, ni des murmures menaçants. C'est à l'esprit public que nous nous adressons, comme à un juge équitable; c'est à lui que nous offrons les conclusions de nos recherches, lui demandant de les adopter comme siennes, et de faire, peu à peu, passer de nouveau dans les mœurs les applications des principes moraux et religieux, sans lesquels il ne peut y avoir ni prospérité ni durée pour un peuple.

Nous ne voulons pas faire, à notre tour, et violemment, une révolution contre la révolution, accomplie il y a cent ans. Nous ne voulons pas ravir au pays ce qui est, à ses yeux enorgueillis, son plus précieux patrimoine, ce qu'il appelle avec emphase « ses conquêtes ». Nous voulons venir à lui, sans fausse humilité, sans bassesse, tenant déployé notre drapeau, — le drapeau chrétien et français —; comme, après une longue suite de combats, signalés par des alternatives de succès et de défaites, une armée momentanément vaincue ne se déshonore point, en proposant elle-même la paix, mais une paix, qui ne compromette pas l'honneur.

Ne craignons pas, mes Frères, de déclarer ouvertement quels sont nos désirs, et ce que nous attendons de l'équité de nos adversaires. Puisque nos divisions ont été et peuvent encore être si fatales au pays, offrons de concourir généreusement à la pacification des esprits et des cœurs. Faisons et acceptons les concessions réciproques, qui peuvent être indispensables; et signons ensuite une paix durable, dont notre loyauté mutuelle, plus encore que notre intérêt, sera la garantie!

Quand nous nous adressons à nos concitoyens, à nos compatriotes avec tant de droiture et de franchise, comment n'entendraient-ils pas notre appel, et pourraient-ils n'y pas répondre?

Quelle joie pour vous tous, Messieurs, si vous étiez assez heureux pour contribuer efficacement à l'apaisement social; et quel honneur pour moi, d'avoir été, deux fois déjà, mêlé à ces tentatives de rapprochement, que les catholiques militants, sans rien abdiquer de leurs croyances ni de leurs traditions, essayent vis-à-vis de ceux, qui n'ont plus, hélas! le bonheur de croire à l'Eglise ni à la souveraineté du Christ-Rédempteur!

De grandes assises s'ouvrent, ici, en ce moment; pendant trois grands jours, les plus graves questions vont être agitées, dans cet esprit de charité et de liberté, qui seul est capable de produire une entente réelle, un véritable et sérieux accord. Et puis, comme le faisaient nos pères, après les assemblées de leurs célèbres États, nous viendrons à l'autel de Notre-Dame-des-Tables, offrir à l'auguste Protectrice de la cité, à son divin Fils, les splendides couronnes, que vos largesses et vos mains libérales leur ont dédiées.

J'aime à me persuader, Frères bien-aimés, que ces jours seront féconds ! Ils le seront, si Dieu daigne m'exaucer, pour l'Église, pour notre antique et illustre cité, pour notre chère patrie, pour la France, si vaillante et si fière dans le passé, agitée et inquiète dans le présent, toute rayonnante de prospérité et de gloire dans un prochain avenir !

www.ingramcontent.com/pod-product-compliance
Lightning Source LLC
LaVergne TN
LVHW051500090426
835512LV00010B/2248